D1737610

Tarántulas

Claire Archer

ABDO

ARAÑAS

Kids

www.abdopublishing.com

Published by Abdo Kids, a division of ABDO, PO Box 398166, Minneapolis, Minnesota 55439.

Copyright © 2015 by Abdo Consulting Group, Inc. International copyrights reserved in all countries. No part of this book may be reproduced in any form without written permission from the publisher.

Printed in the United States of America, North Mankato, Minnesota.

072014

092014

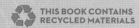
THIS BOOK CONTAINS RECYCLED MATERIALS

Spanish Translators: Maria Reyes-Wrede, Maria Puchol

Photo Credits: Shutterstock, Thinkstock

Production Contributors: Teddy Borth, Jennie Forsberg, Grace Hansen

Design Contributors: Dorothy Toth, Laura Rask

Library of Congress Control Number: 2014938861

Cataloging-in-Publication Data

Archer, Claire.

[Tarantula spiders. Spanish]

Tarántulas / Claire Archer.

  p. cm. -- (Arañas)

ISBN 978-1-62970-368-8 (lib. bdg.)

Includes bibliographical references and index.

1. Tarantula spiders--Juvenile literature. 2. Spanish language materials—Juvenile literature. I. Title.

595.4--dc23

2014938861

Contenido

Tarántulas

Las tarántulas pueden vivir en diferentes lugares del mundo. Viven principalmente en desiertos secos y en praderas.

5

Algunas tarántulas viven en **madrigueras**. Otras viven en los árboles o debajo de rocas y hojas.

7

La mayoría de las tarántulas son negras o cafés. Algunas pueden ser muy coloridas.

9

Las tarántulas son arañas peludas. Hasta sus ocho patas están cubiertas de pelo.

11

Las tarántulas pueden ser de muchos tamaños. Algunas son minúsculas. ¡Otras pueden ser tan grandes como un plato!

Alimentación

Para cazar, la tarántula primero se esconde y espera a su **presa**. Después se lanza sobre ella.

Las tarántulas primero
muerden a sus **presas**.
Después les inyectan un
veneno que las **paraliza**.

17

Las tarántulas comen muchos animales. Les gustan los insectos y las arañas. También les gusta comer ratones y pájaros.

19

Crías de tarántulas

Las hembras ponen cientos de huevos a la vez. Cuando nacen, las crías de arañas se llaman arañas **juveniles**.

20

Más datos

- Las tarántulas que viven en **madrigueras** las excavan con sus colmillos. ¡Algunas les roban las madrigueras a otras tarántulas!

- El depredador más peligroso para las tarántulas es la avispa araña.

- ¡Hay gente que tiene tarántulas de mascota!

Glosario

juveniles – crías de araña.

madriguera – lugar que los animales construyen bajo tierra para vivir.

paralizar – perder el movimiento o sensibilidad de una parte del cuerpo.

presa – un animal que ha sido cazado por un depredador para comérselo.

veneno – sustancia tóxica que producen algunos insectos y animales. Se envenena a la víctima con un mordisco o una picadura.

Índice

abdokids.com

¡Usa este código para entrar a abdokids.com y tener acceso a juegos, arte, videos y mucho más!

Código Abdo Kids:
STK0748